ATU-328A
una fiaba
infografica

a cura di
Attilio Baghino

Daniel Cadeddu
Gabriele Campeotto
Salvatore Carta
Vittoria Caval
Cristina Cera
Daniela Lapucci
Valerio Madeddu
Gloria Marci
Alessandra Massidda
Nicolò Murru
Silvia Paùlis
Anna Sàrdara
Nàika Sechi
Elisa Todde

Questo libro presenta una raccolta di rappresentazioni infografiche, schemi e diagrammi di più varianti narrative della fiaba codificata come ATU328A ("Jack e il fagiolo magico") secondo il sistema di classificazione Aarne-Thompson.

I materiali sono stati prodotti dagli studenti del laboratorio di "Editoria multimediale", insegnamento del corso di laurea magistrale di "Produzione multimediale" dell'Università di Cagliari, durante l'anno accademico 2023/24.

L'infografica è una modalità di comunicazione visiva che utilizza elementi grafici come immagini, icone, diagrammi e testo per presentare informazioni complesse in modo chiaro e conciso.

È importante che un laboratorio che si occupa di editoria, che prima di tutto è organizzazione di contenuti all'interno di uno spazio definito, si interessi di infografica, in modo da porre l'accento su uno dei temi più importanti in questo contesto, quello della disposizione intelligibile dei materiali, al tempo stesso toccando la problematica della rappresentazione concisa di significati mediante segni stilizzati.

Per i contenuti e le idee di questo laboratorio sono debitore verso Giovanni Lussu per le lezioni che ha tenuto durante il Laboratorio "Forma", nel corso di laurea di Design presso il Dipartimento di Architettura Design e Urbanistica ad Alghero nel 2009 e nel 2010.

Attilio Baghino

FIABE

JACK E IL FAGIOLO MAGICO

Daniel Cadeddu

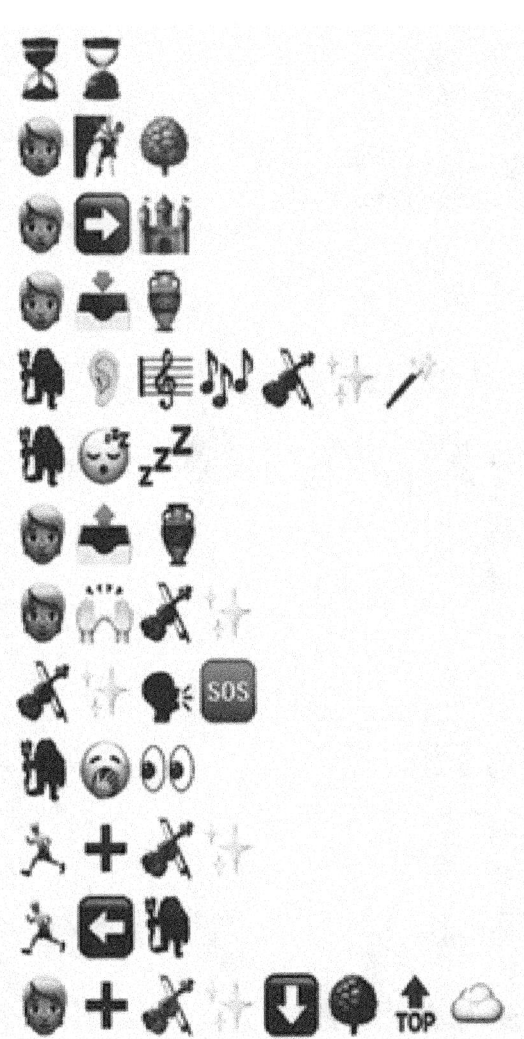

Legenda

 =Finito/finiti

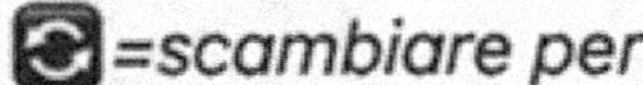 =scambiare per

=andare

=con

=vedere

=dire/parlare

=non vuole

=senza

=diventare/trasformare

=pianta che arriva alle nuvole

=bussare

=aprire la porta

=gigantessa

=chiedere da mangiare

=sentire l'odore

=gigante

=entrare dentro

=uscire da

=gallina dalle uova d'oro

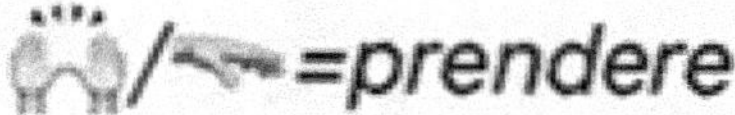 =prendere

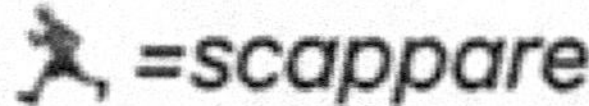 =scappare

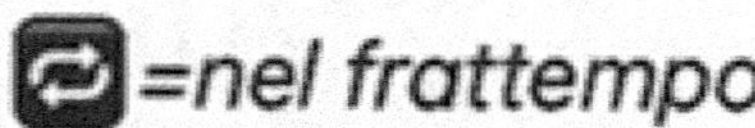 =nel frattempo

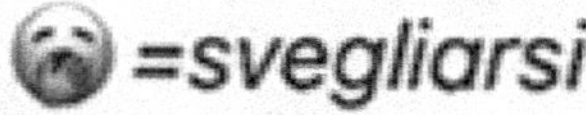 =svegliarsi

 =dopo un po' di tempo

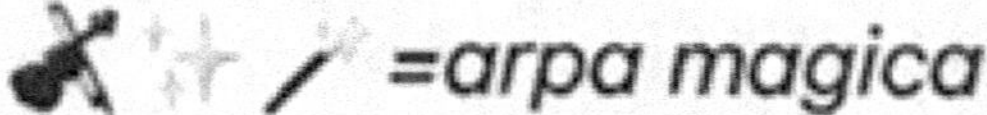 =ascoltare

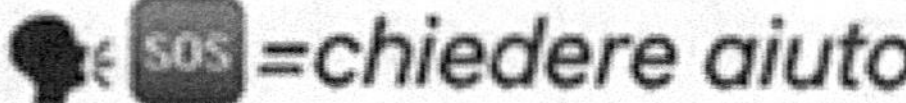 =arpa magica

 =chiedere aiuto

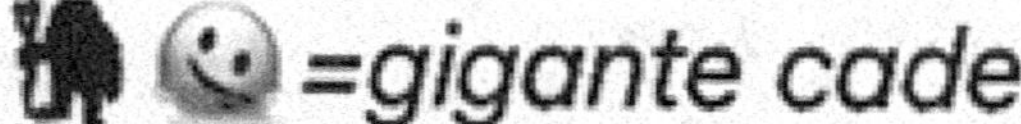 =albero cade

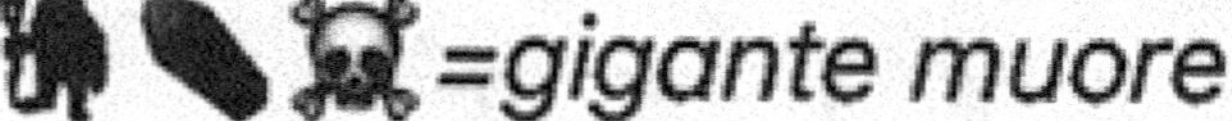 =gigante cade

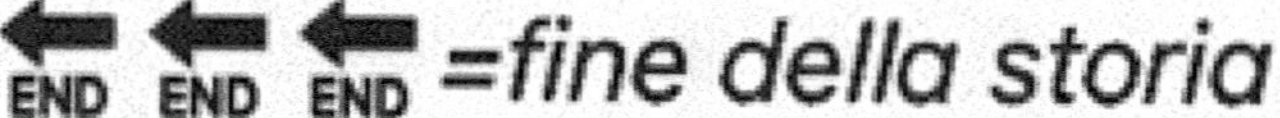 =gigante muore

=fine della storia

Jack and the beanstalk

di Gabriele Campeotto

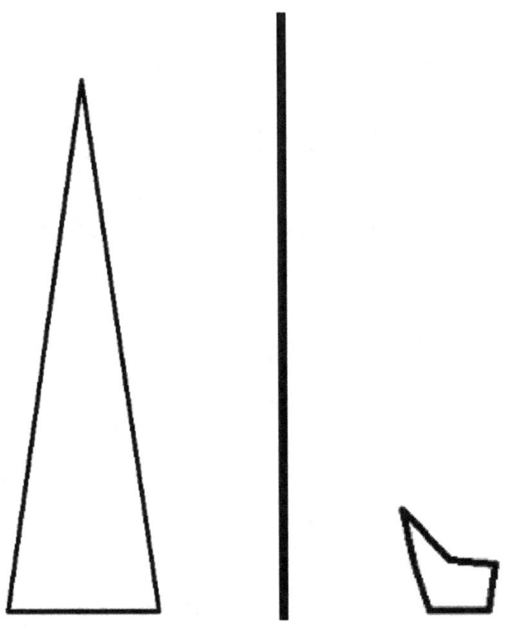

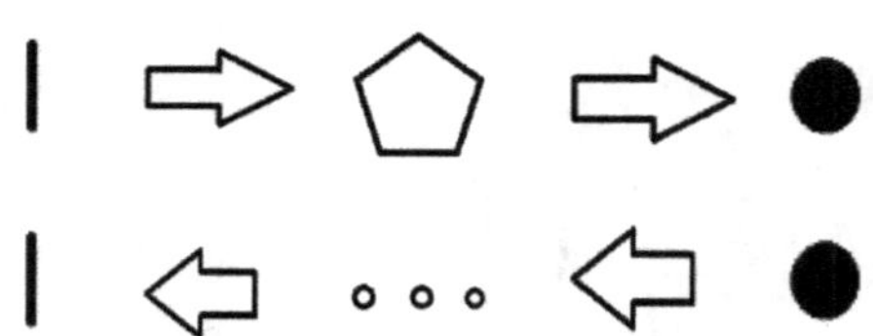

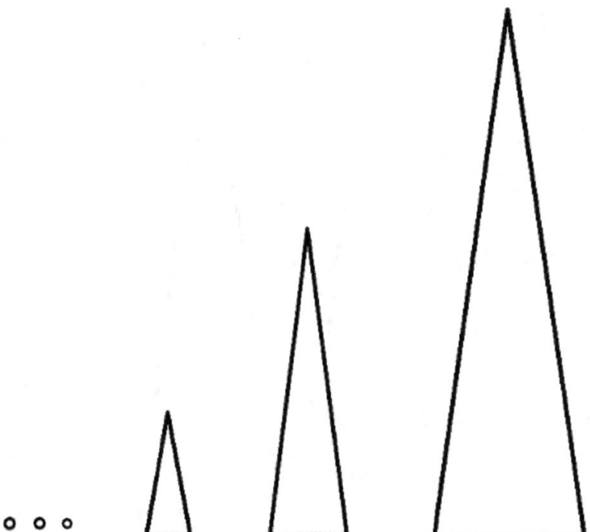

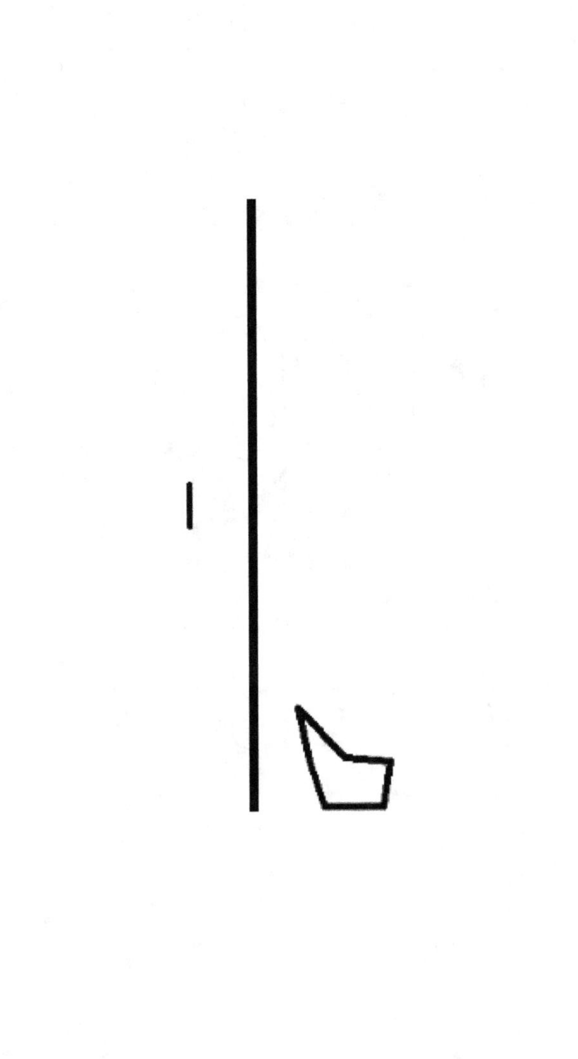

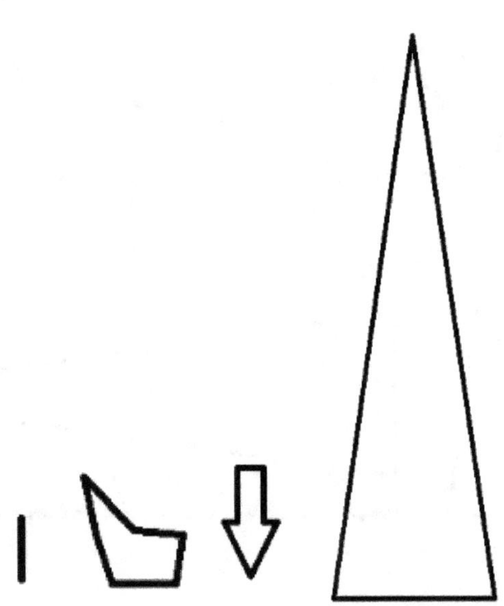

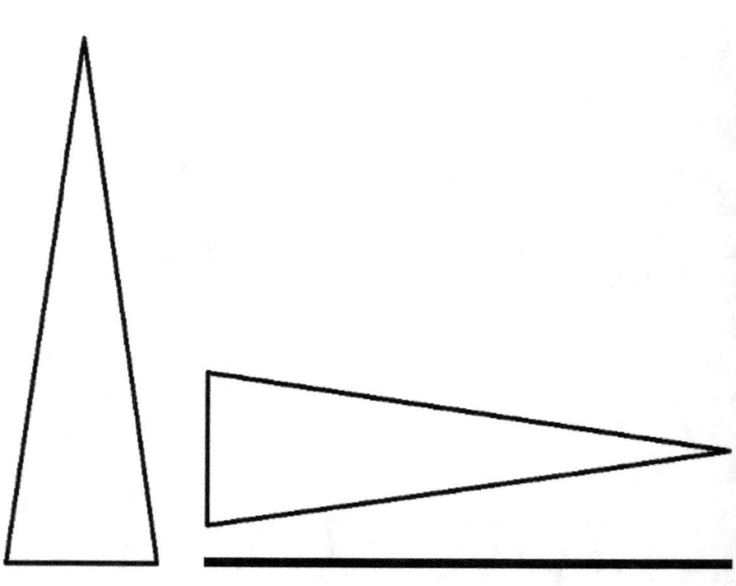

Legenda

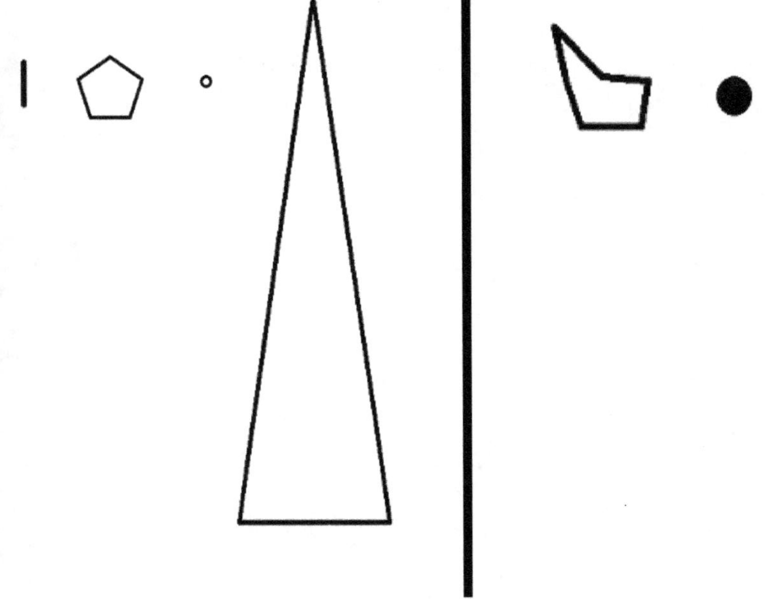

Da sinistra a destra:

1) Jack
2) Mucca
3) Fagiolo
4) Pianta di fagioli
5) Gigante
6) Gallina dalle uova d'oro
7) Contadino

Salvatore Carta

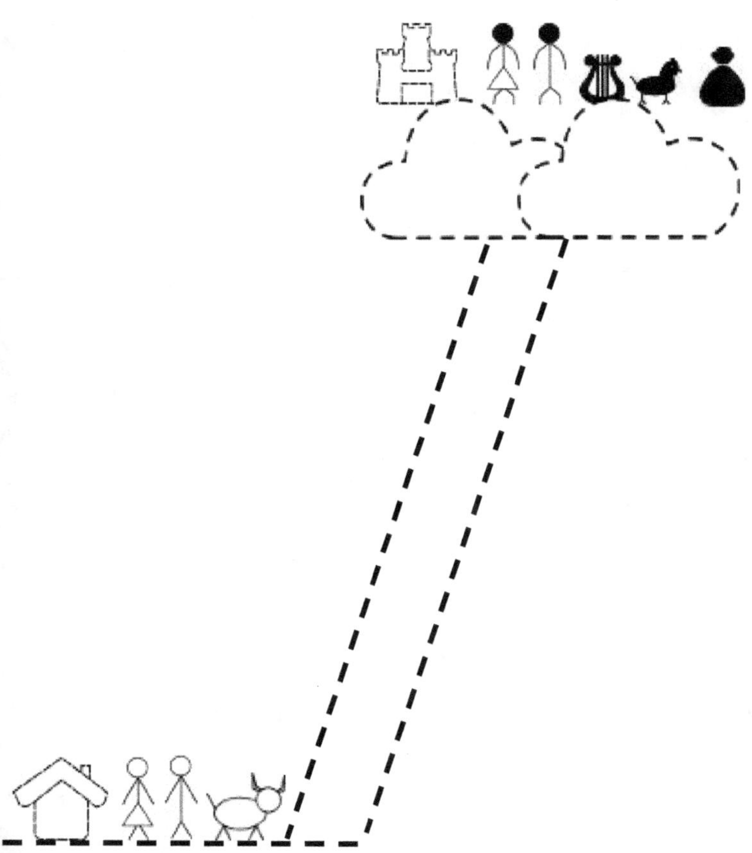

ATU 328A
Jack and the Beanstalk

Fairy Tale in platform format

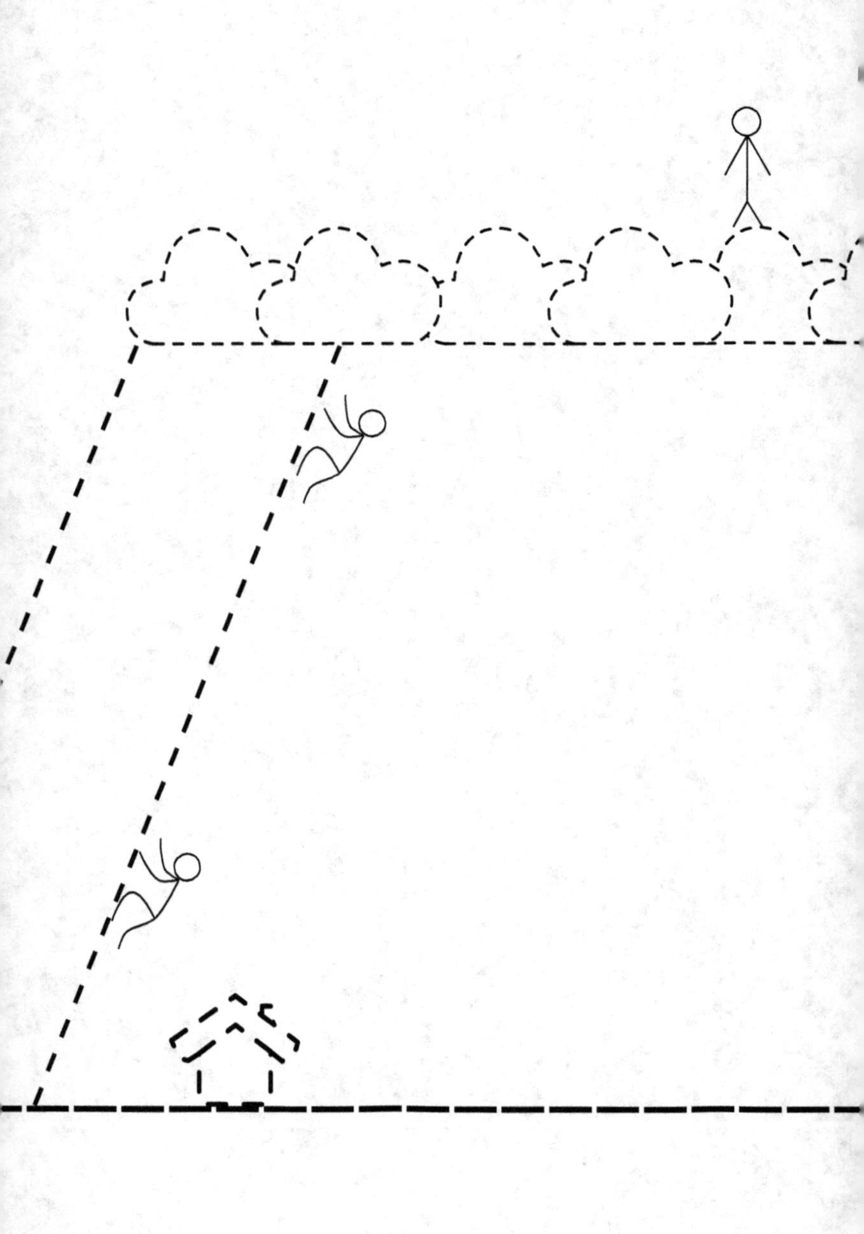

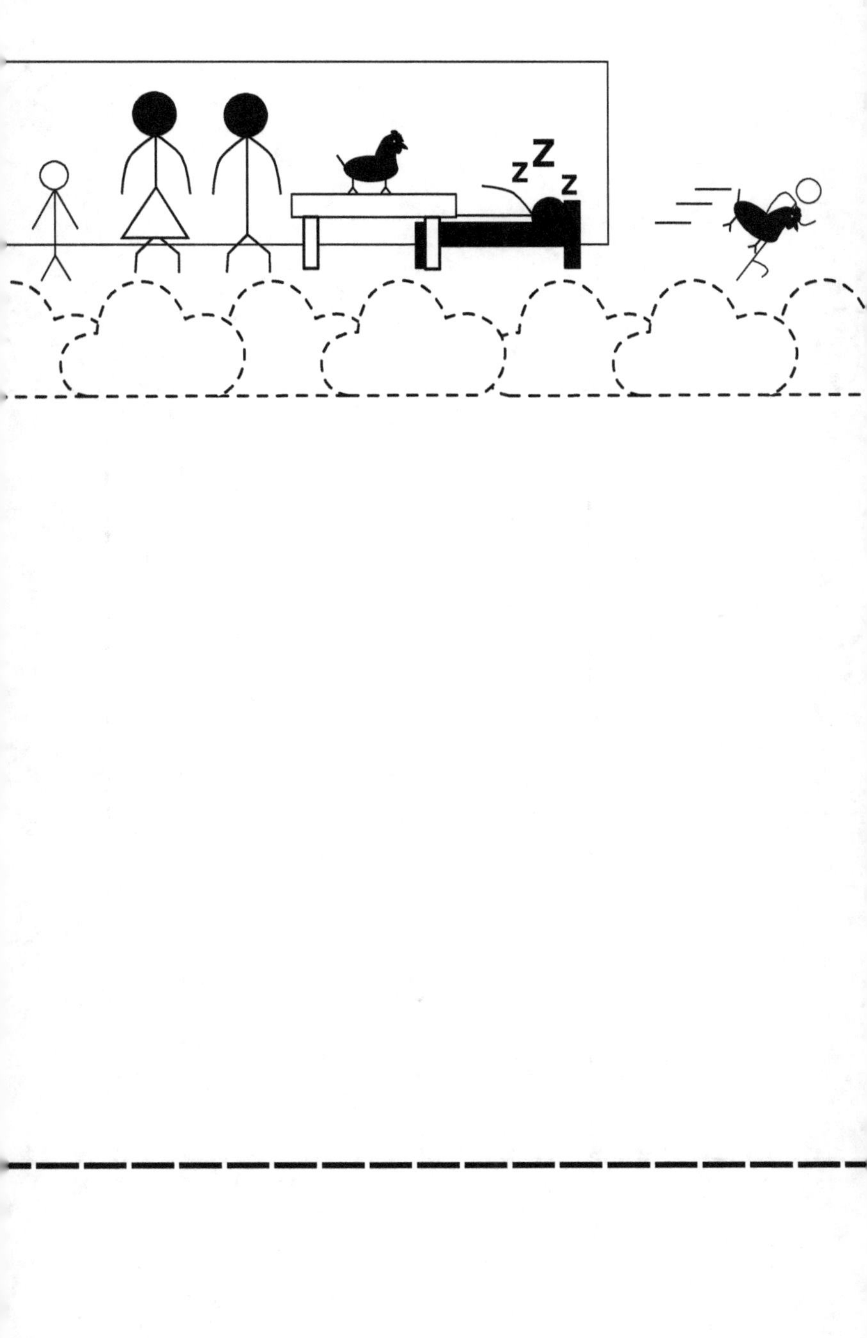

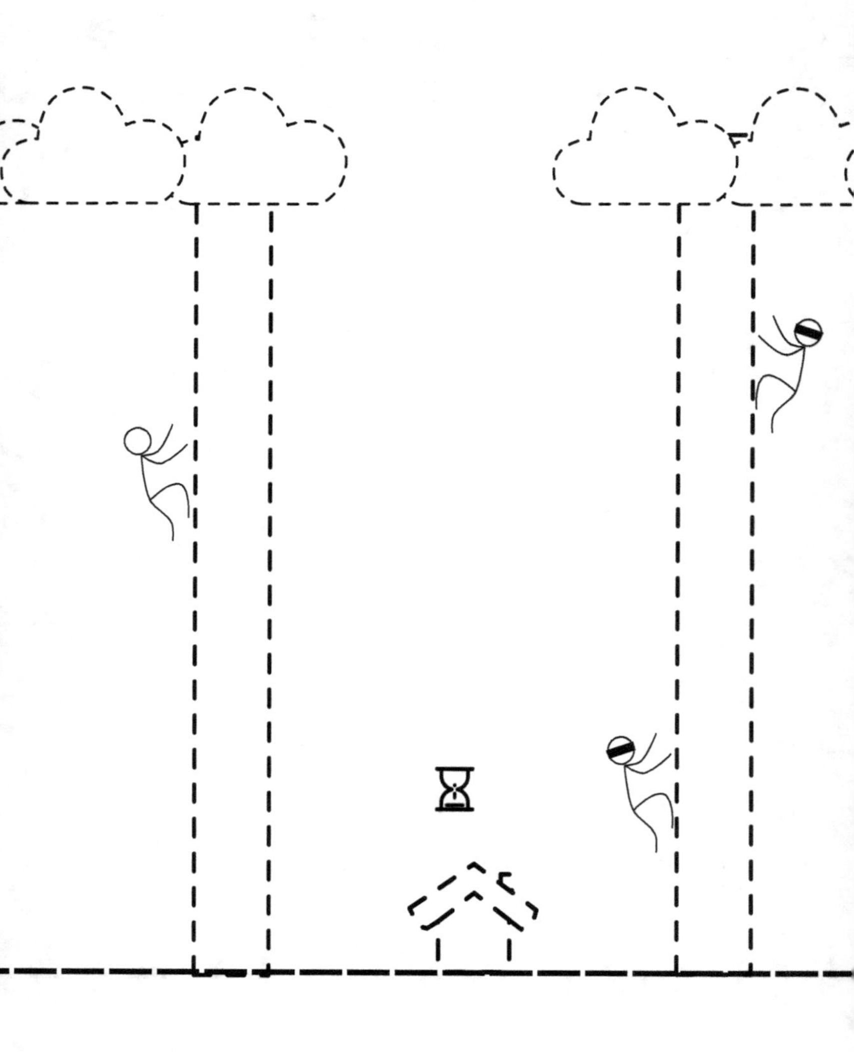

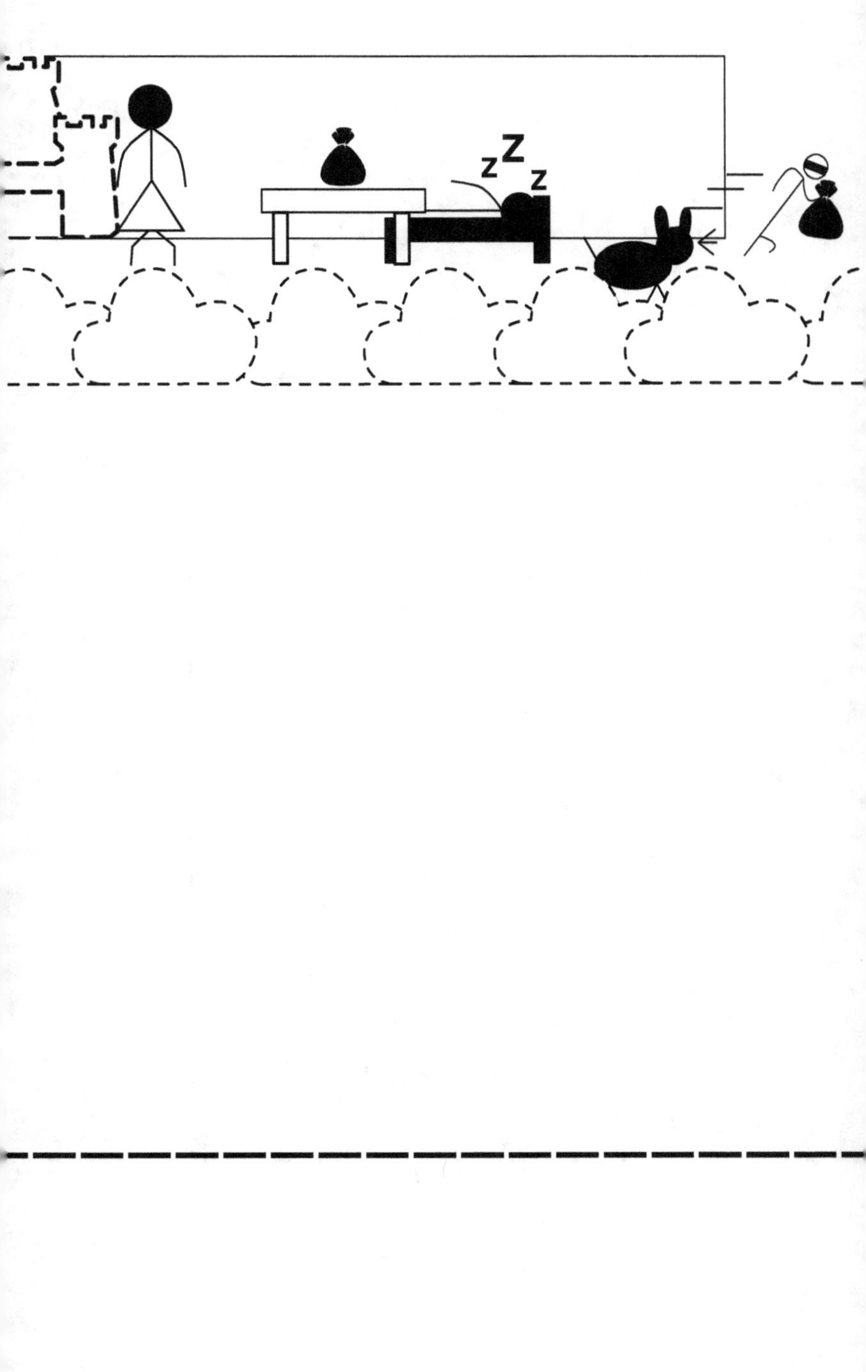

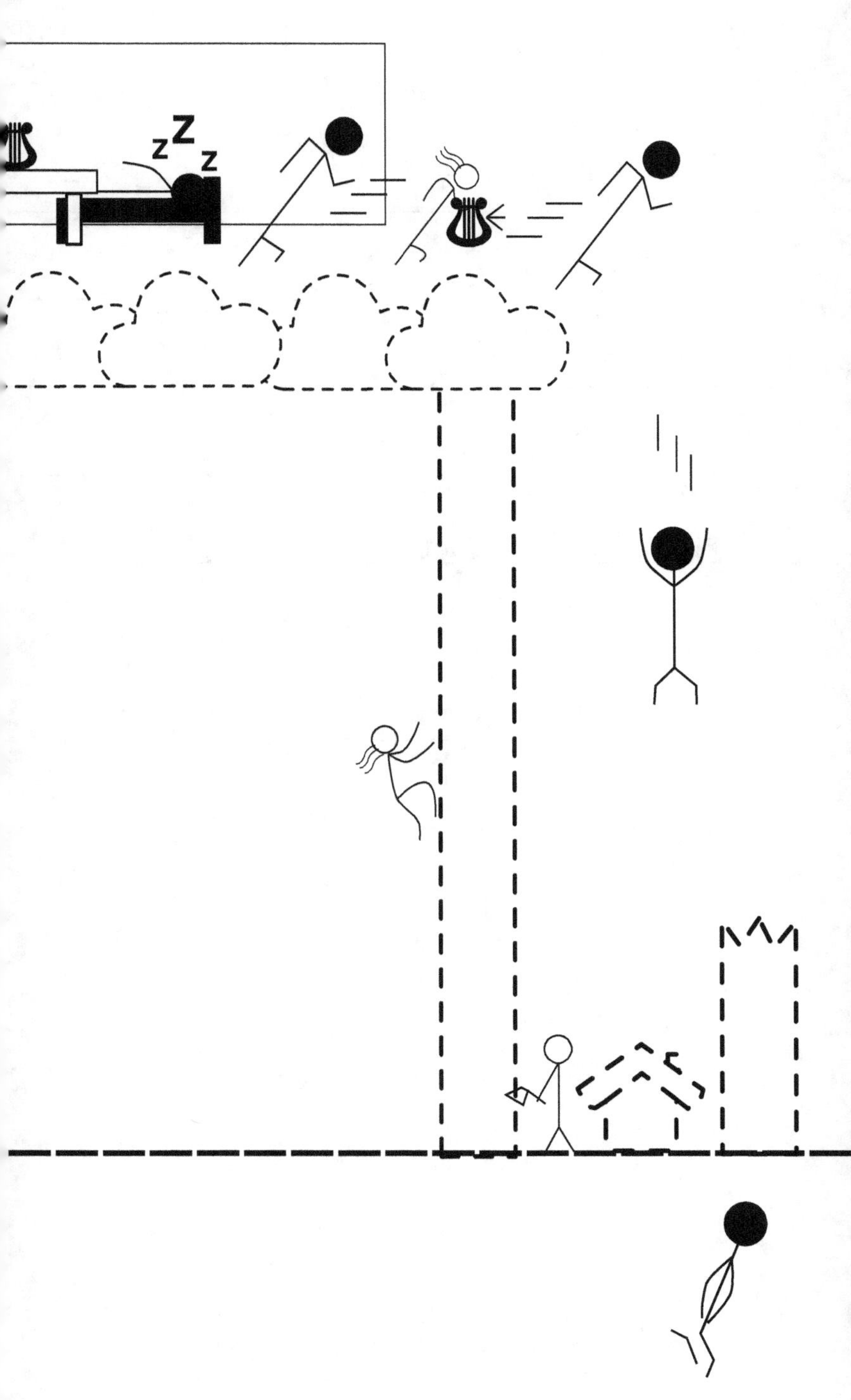

INDICE

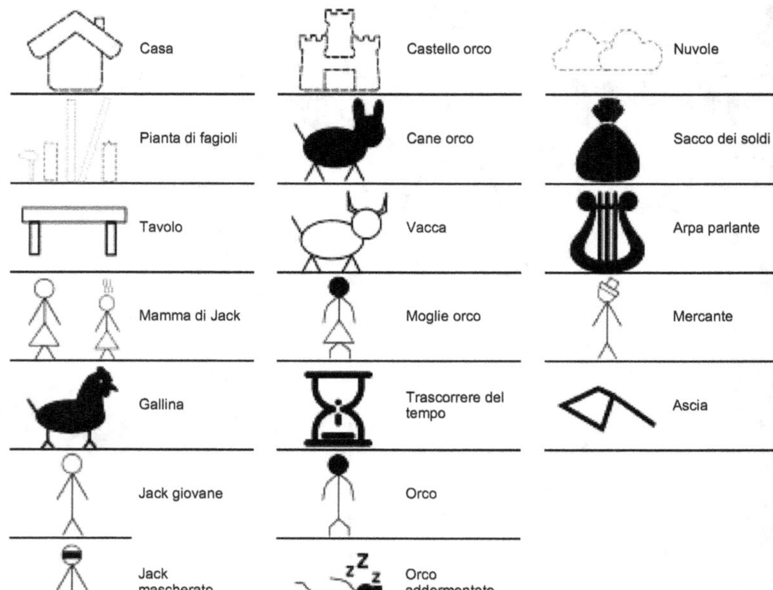

Casa	Castello orco	Nuvole
Pianta di fagioli	Cane orco	Sacco dei soldi
Tavolo	Vacca	Arpa parlante
Mamma di Jack	Moglie orco	Mercante
Gallina	Trascorrere del tempo	Ascia
Jack giovane	Orco	
Jack mascherato	Orco addormentato	
Jack adulto	Orco morto	

VITTORIA CAVAL

Jack e i fagioli magici

Una fiaba infografica

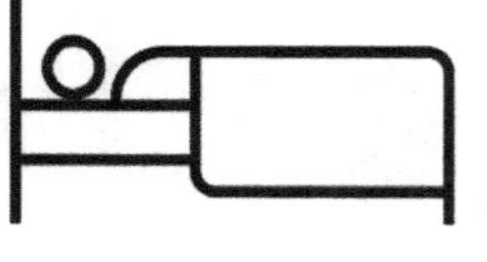

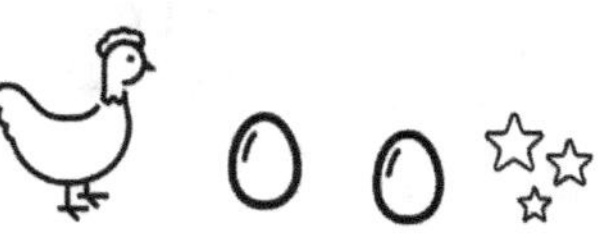

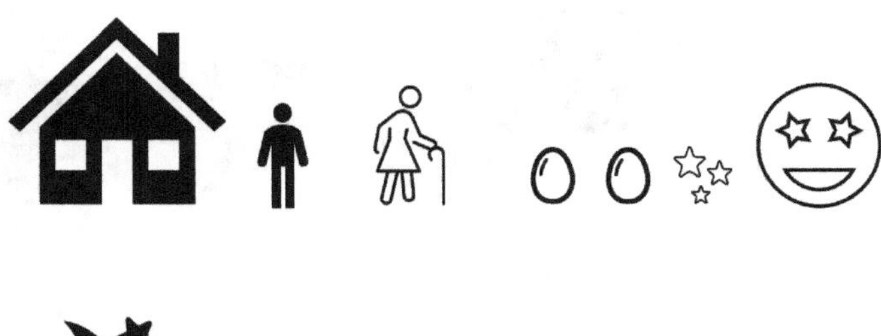

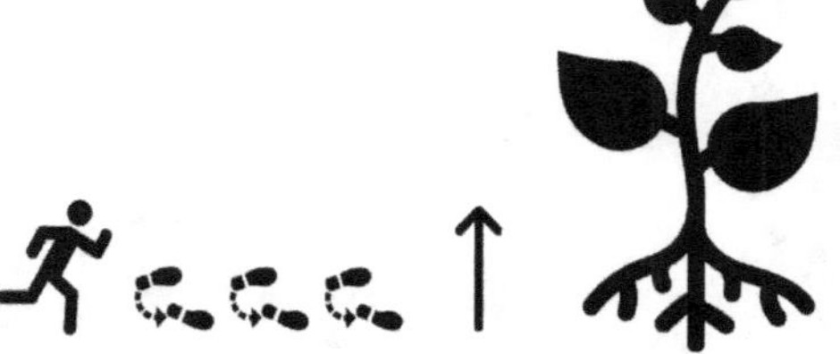

 = casa

 = Jack

 = madre di jack

= mucca

= castello

= uova d'oro

= arpa magica

= giorno

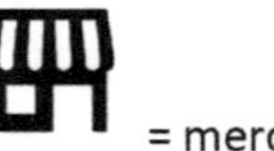 = mercato

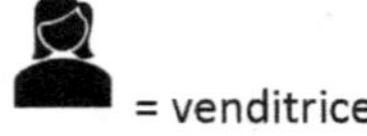 = venditrice

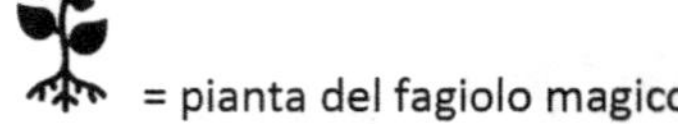 = fagiolo magico

= pianta del fagiolo magico

= gallina

= tesoro

= gigante

= notte

Cristina Cera
Il Fagiolo Magico

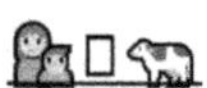

Jack e il fagiolo magico

DANIELA LAPUCCI

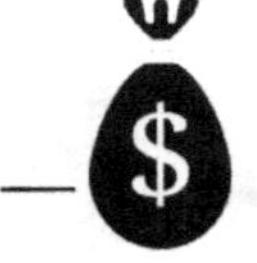

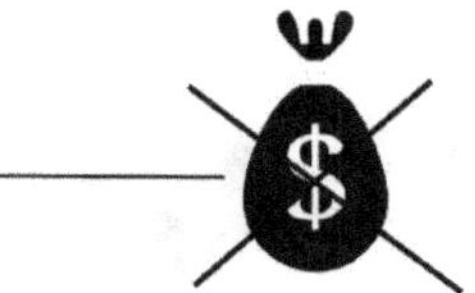

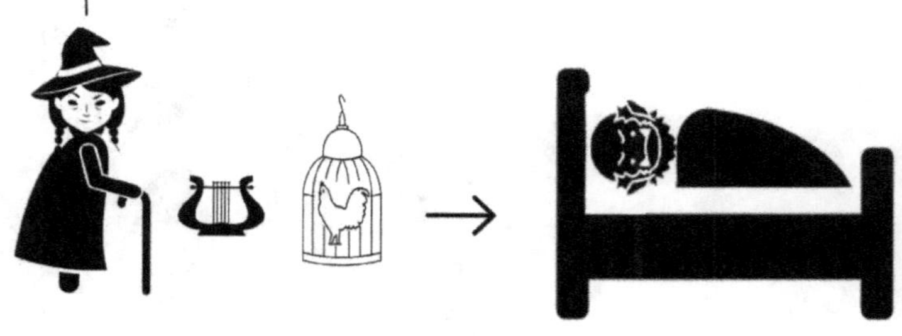

 Casa/Jack's house

 Jack

 Mamma di Jack
Jack,s Mum

 Mucca/Cow

 Mercato/Market

 Vecchietto/Old man

 Fagiolo magico/Magic bean

 Giardino/Garden

 Sole/Sun

 Castello/Castle

Moglie dell'orco/Ogre's wife

Orco/Ogre

Attenzione bambini/Warning child

Monete d'oro/Gold coins

Pianta di fagioli/Bean plant

Gallina dalle uova d'oro
Goose-Golden eggs

Ascia/ax

Arpa che canta/chanting Harp

VALERIO MADEDDU

JACK E IL FAGIOLO MAGICO

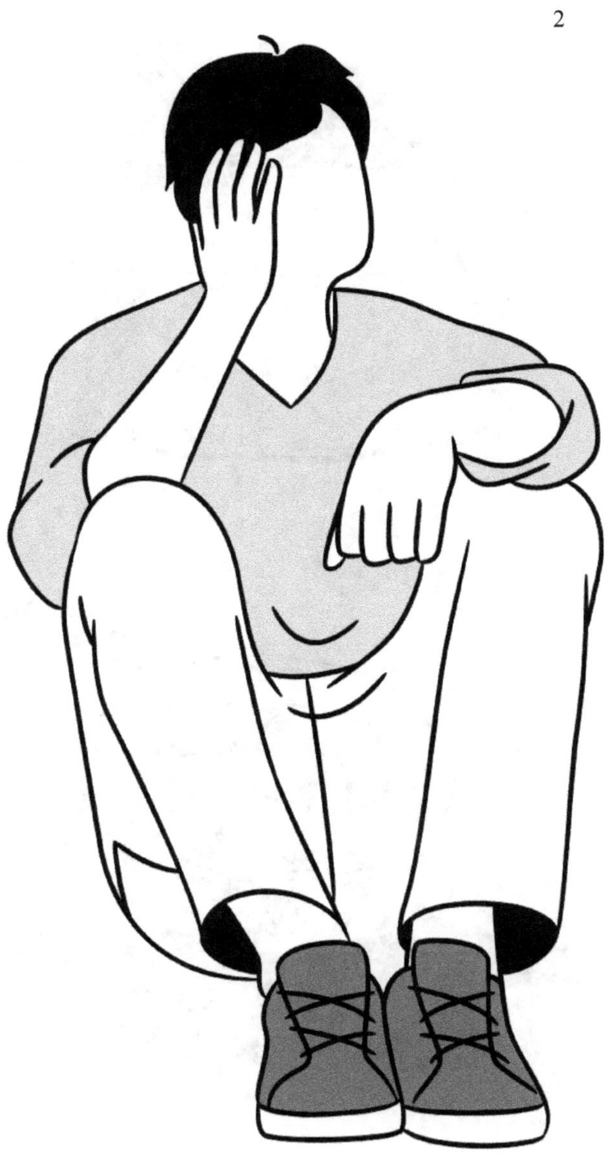

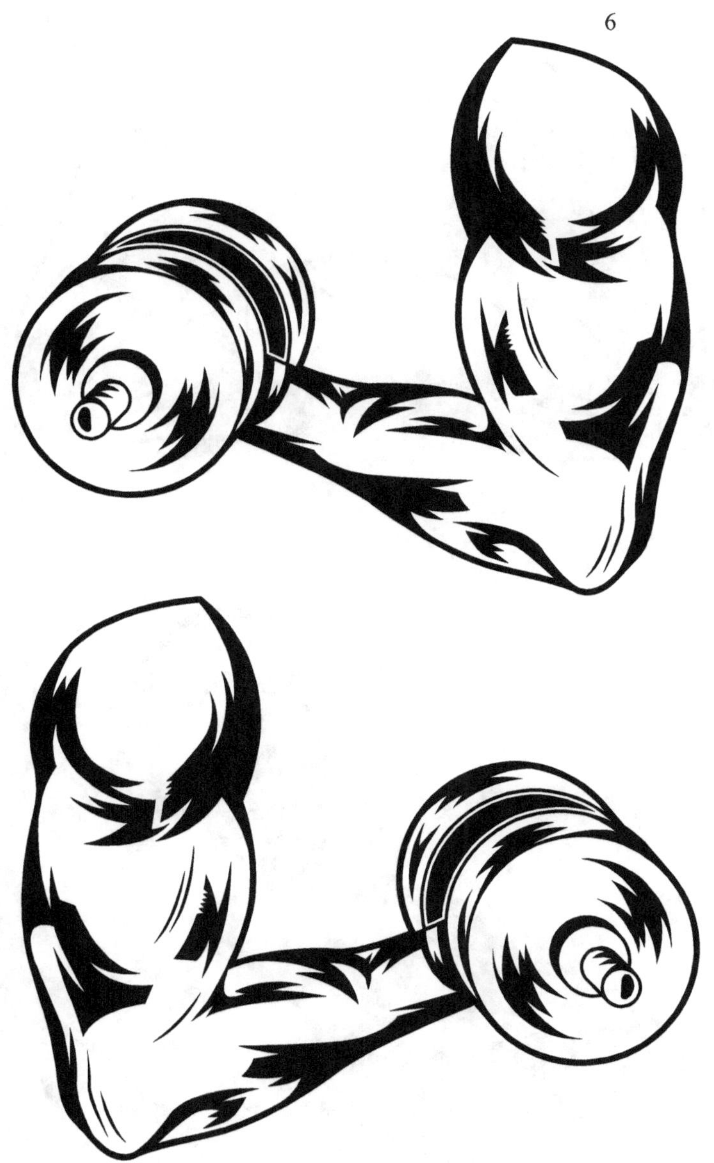

1) Jack incontra la prima ragazza per strada e si innamora

2) La ragazza lo rifiuta e il ragazzo ci rimane male

3) Jack assaggia i fagioli e sente una sensazione forte

4) Il ragazzo diventa muscoloso

5) Al mare una ragazza rimane attratta dall'aspetto fisico
   del ragazzo

6) La coppia si innamora e passa una serata felice

Gloria Marci

Jack e il fagiolo magico

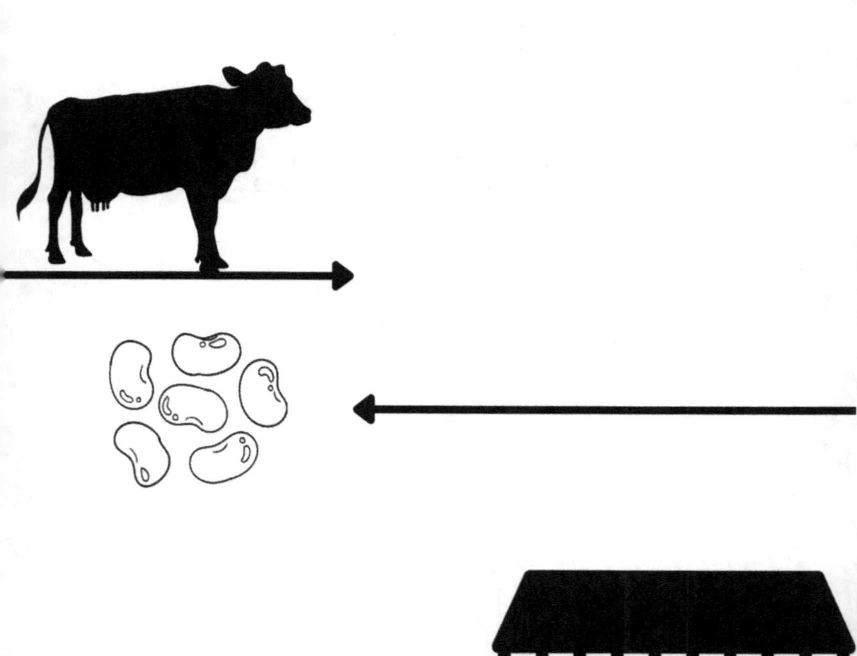

ZZZ

Zzz

Jack e i fagioli magici

di

Alessandra Massidda

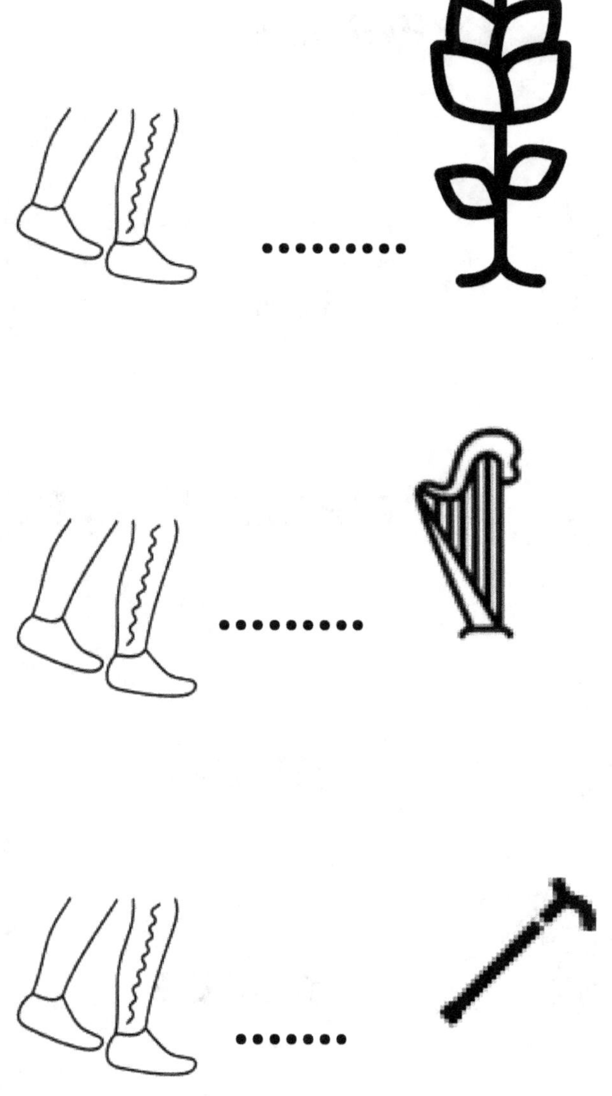

Legenda

: Jack

: Madre di Jack

: pirati

: mucca

: vendita

 : fagioli

 : pianta

 : gigante

 : fata

 : castello

: **spavento**

: **Jack scappa**

: **padre Jack**

: **arpa**

Jack e il fagiolo magico

Una fiaba... in nero e bianco

di Nicolò Murru

M
Mil

Zzz
Zzz
Sos

La vedova

Jack

La mucca

Latte

Denaro

Accordo

L'anziano magico

Nuvole
Scalata del fagiolo
In cammino sul fagiolo
La casa del gigante
La moglie del gigante
Cibo
Pericolo gigante

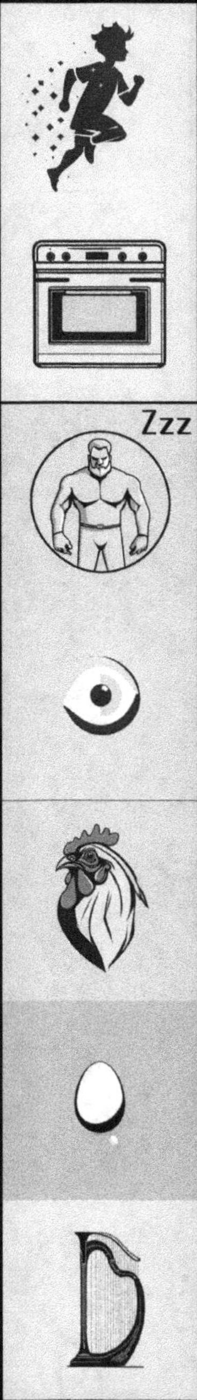

Jack scappa

Forno

Occhio di Jack

Gallina dalle uova d'oro

Uovo d'oro

Arpa magica

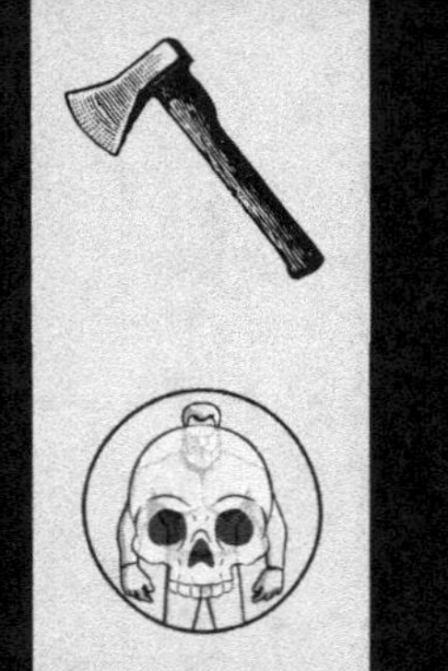

Accetta
Gigante caduto

Silvia Paulis

Jack

e

la pianta di fagioli

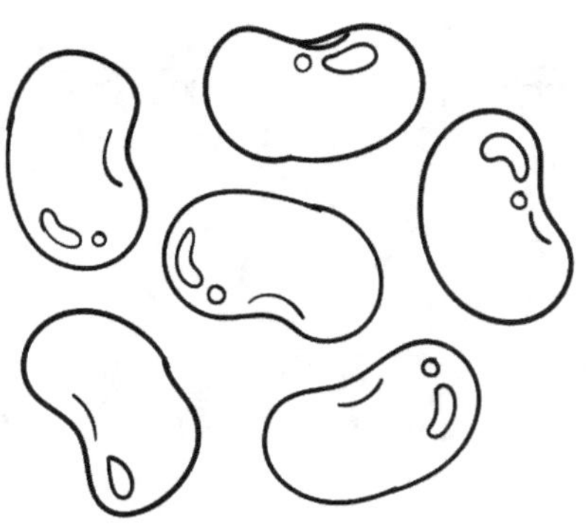

+ X X X X X X X X X = /

= < /

= /

→ + = /

← → = /

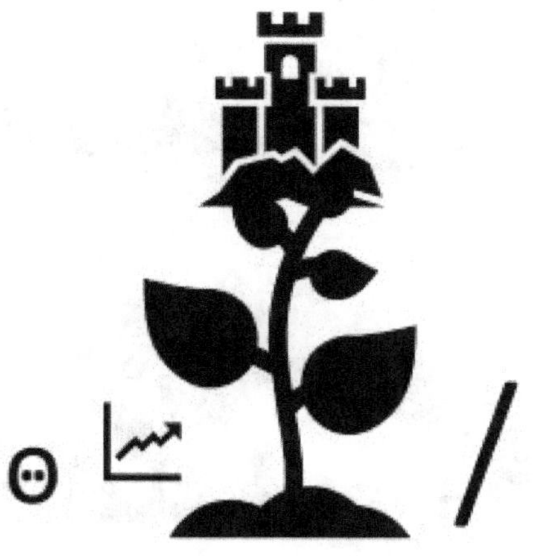

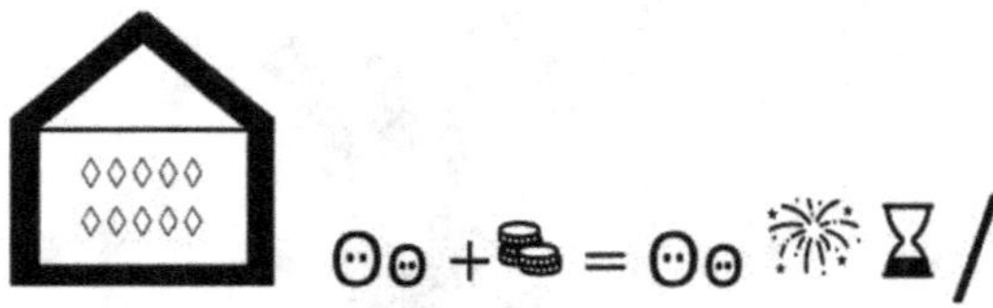

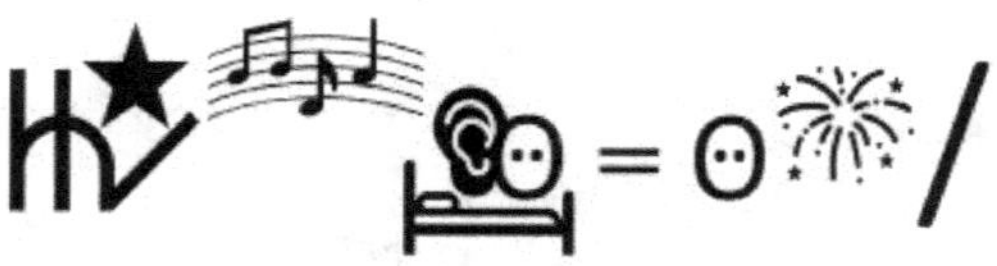

Legenda

 Inizio della storia

 Casa di Jack e la mamma

 Mamma di Jack

 Jack

 Mucca

 Latte

/ Fine frase

+ Insieme

= Quindi

< meno

> più

 continua

 dare-ricevere

 pochi soldi

 molti soldi

 tempo che passa

 scende-diminuisce

 sale-aumenta

mercato

 straniero

 fagioli magici

pianta di fagioli

 Castello

 Orchessa

 Orco

 Orco addormentato

 Felicità-guarigione

 Gallina dalle uova d'oro

 Mamma di Jack malata

 Jack nascosto

 Arpa magica

 Sega per tagliare pianta

 Ripetutamente-per molto tempo

 Orco morto

 Fine della storia

ANNA SARDARA

JACK E LA PIANTA DI FAGIOLI

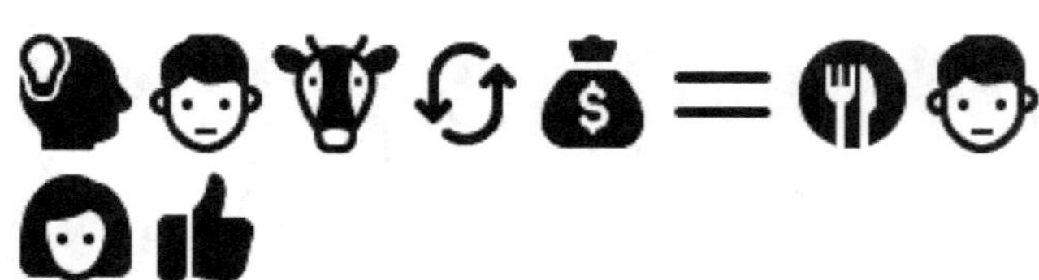

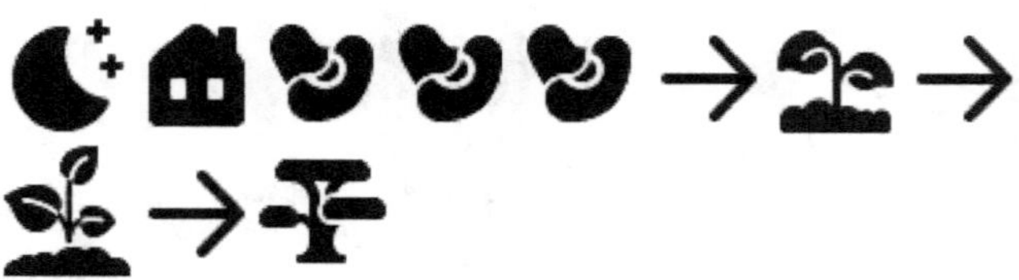

LEGENDA

PERSONAGGI:

Jack	Madre di Jack	Mucca di famiglia
Anziano ciarlatano	Orco	Moglie dell'orco

OGGETTI MAGICI:

Fagioli	Pianta di fagioli
Gallina dalle uova d'oro	Arpa canterina

LUOGHI:

Casa di Jack e Madre	Città	Orto della casa di Jack e Madre	Castello sulle nuvole dell'orco

AZIONI:

Morire di fame	Trovare una soluzione	Barattare	Lanciare fuori
Arrampicarsi	Rubare	Mangiare	Contare
Dormire	Gridare aiuto	Svegliarsi di colpo	Inseguire
Accettare	Cadere	Morire (male)	Festeggiare

Basata sulla fiaba ATU 328A

"Il ragazzo che rubò il tesoro dell'orco"

Jack e il Fagiolo Magico

Naika Sechi

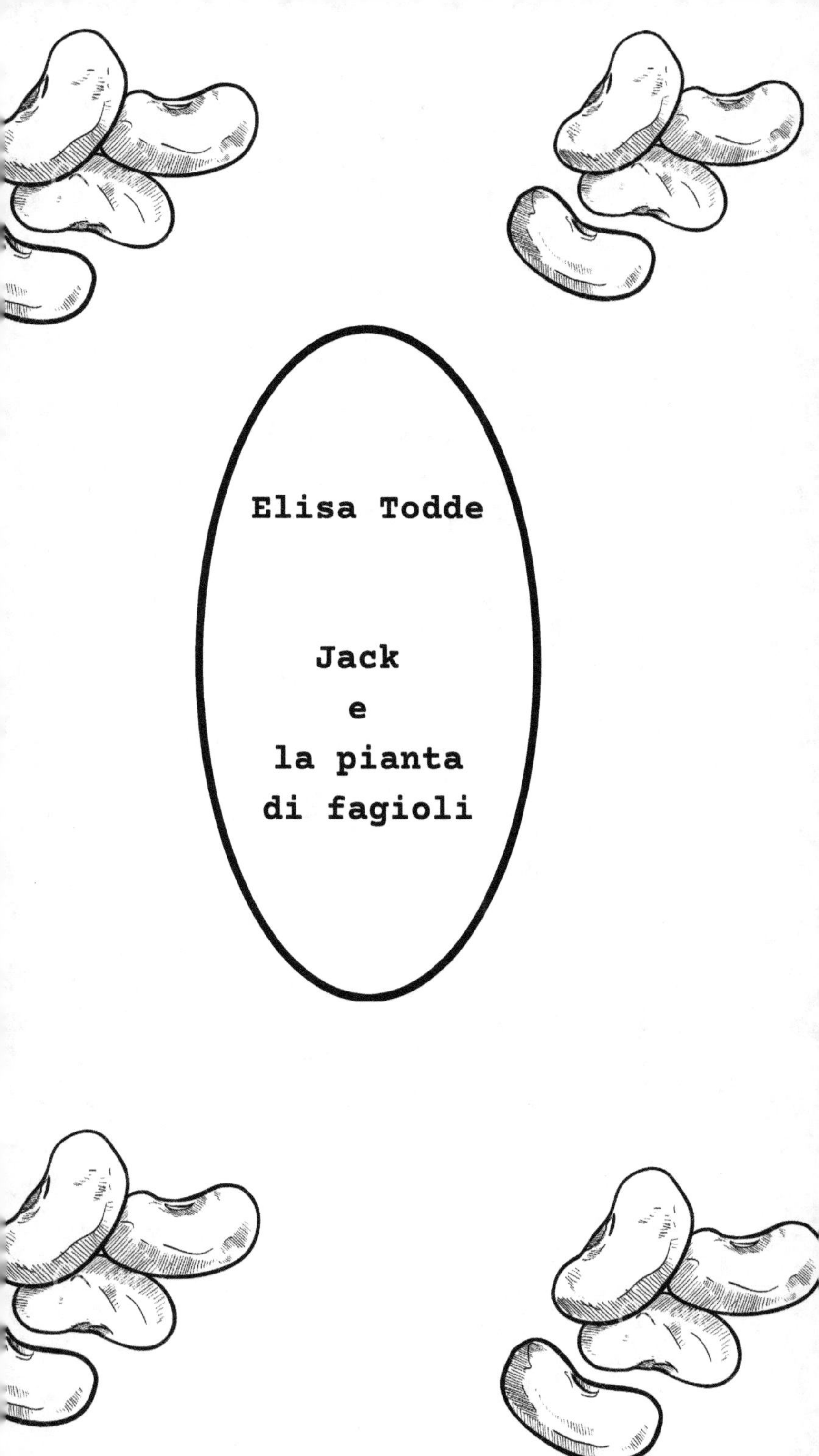

Elisa Todde

Jack
e
la pianta
di fagioli

1.

2.

3.

4.

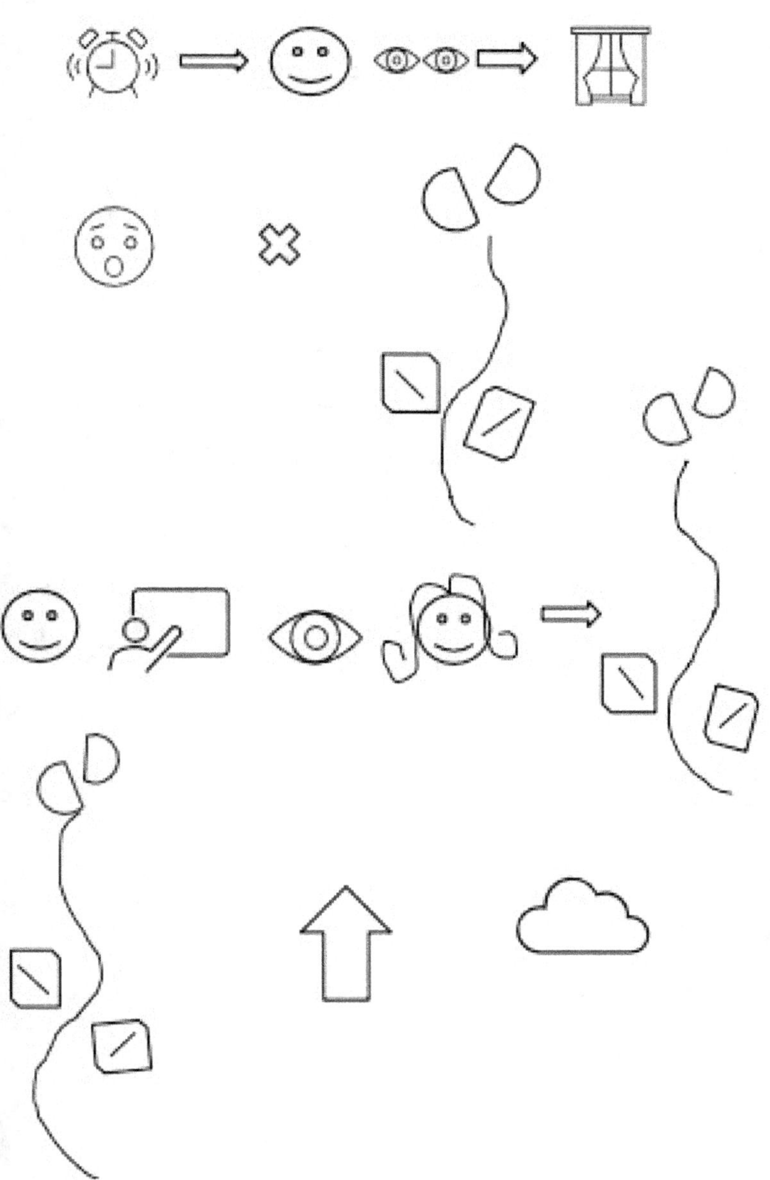

5.

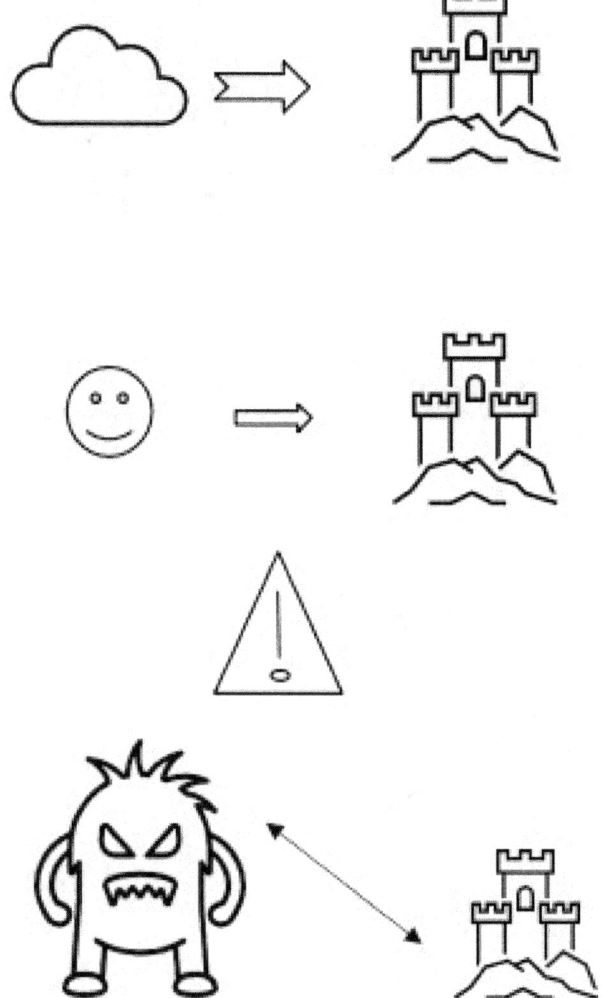

www.ingramcontent.com/pod-product-compliance
Lightning Source LLC
Chambersburg PA
CBHW050920260726
48660CB00001B/307